Eine malerische Winterlandschaft im Loisachtal bei Garmisch-Partenkirchen (links).

Bergwanderungen im Winter sind erlebnisreich und zudem ungefährlich (unten).

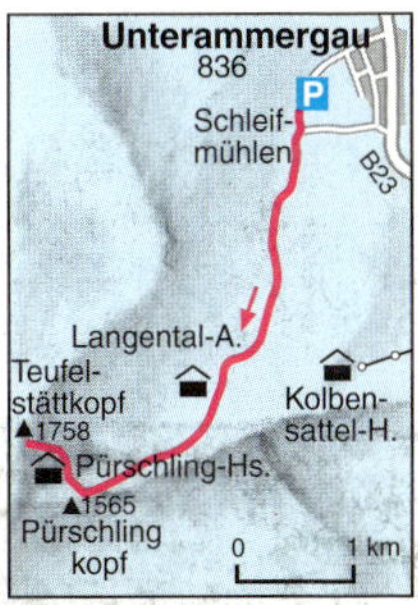

Touristische

Allgemeine Hinweise und nützliche Tips

Eine Schafherde (oben) zieht durch die tiefverschneite Landschaft.

Schneewirbel formen bizarre Plastiken (unten).

Wandergebiet und Tourenauswahl

Das oberbayerische Geviert zwischen München und Zugspitze, Lech und Inn zählt zu den schönsten deutschen Wohn- und Erholungsgegenden. Dem entspricht ein rund ums Jahr fast unerschöpfliches Angebot an Wandermöglichkeiten, das sich neben der Gebirgsregion in gleicher Weise auf das landschaftlich abwechslungsreiche Oberland im Vorfeld der Alpen mit dem malerischen Fünfseenland im Süden von München erstreckt. Unter diesen Aspekten wurde die Tourenauswahl getroffen, die neben einer Reihe beliebter Bergziele und einigen Talspaziergängen ebenso Rundwanderungen im Vorland enthält.

Grundsätzliche Überlegungen

Die gefahrlosen Winterwanderungen im Vorland und in den Gebirgstälern bedürfen keiner weiteren Anleitung. Anders sieht es bei den Wintertouren in der exponierten Gebirgsregion aus, bei denen einige Grundregeln zu berücksichtigen sind.

Planung der Touren

Wenngleich die Tourenauswahl unter dem Gesichtspunkt spät verschneiter und wieder frühzeitig vom Schnee befreiter Südanstiege erfolgte,

Der zugefrorene Schliersee lädt zu verschiedenen winterlichen Aktivitäten ein.

ist damit über die tatsächliche Begehbarkeit der Bergwege zum Tourenzeitpunkt noch nichts ausgesagt. So wird man sich vor der Anreise am besten bei den jeweiligen Verkehrsämtern und Berghütten über die aktuell herrschenden Verhältnisse informieren. Eine endgültige Entscheidung fällt aber in der Regel erst an Ort und Stelle.

Tageseinteilung

Wintertage sind kürzer als Sommertage. Dementsprechend wurde auf lange Unternehmungen verzichtet. Grundsätzlich sollte so früh wie möglich aufgebrochen werden, damit bis zum Einbruch der Dämmerung noch ausreichend Spielraum für unvorhergesehene Verzögerungen bleibt.

Wegverhältnisse und Gehtempo

Meistens sind die Südhänge und die Wege auf der Sonnenseite im Frühwinter und im beginnenden Frühjahr schneefrei. Außerdem steigt es sich bei

Wir passieren Graseck (oben), im Hintergrund die Alpspitze, auf unserer Wanderung vom Eckbauer zur Partnachklamm (Tour 5).

Eine stimmungsvolle Studie: mit Eis behangene Schilfhalme am Starnberger See (unten).

Oben: Während über den Tälern die Nebel liegen, hat man auf der Höhe häufig einen freien Blick.

Unten: Für den Winterbergwanderer sind Skistöcke unentbehrliche Hilfsmittel.

frischen Temperaturen um einiges leichter. Tiefschneepfade sind hingegen mühsam und zeitraubend, auch wenn sie vielbenutzt und eingegangen sind. Die angegebenen Gehzeiten verstehen sich demnach nur als grobe Richtwerte.

Ausrüstung

Bei der Ausrüstung gelten zunächst die Sommerregeln: Zusatzkleidung gegen den frischen Gipfelwind und die meist niedrigeren Temperaturen in höheren Lagen, außerdem Handschuhe und Wollmütze. Zudem sollte man Ersatzunterwäsche mitnehmen, um Erkältungen vorzubeugen.
Die größte Aufmerksamkeit gilt dem Schuhwerk. Bei ausgesprochenen Schneetouren wird man nur mit gut präparierten, robusten Lederstiefeln und kniehohen Gamaschen trockenen Fußes über die Runden kommen. Ansonsten genügen kräftigere Bergwanderstiefel. Entscheidend sind Schuhsohlen mit einem griffigen Stollenprofil.

Außerdem gehören zur Grundausrüstung Grödel bzw. Leichtsteigeisen für glatte Wegstellen, Skistöcke mit großen Tellern, eine gute Sonnenbrille und eine Sonnenschutzcreme mit einem Lichtschutzfaktor von vier und höher.

Die winterliche Landschaft bietet dem Fotografen immer wieder stimmungsvolle Motive.

Verpflegung

Bei nahezu allen Touren befindet sich eine Bergeinkehr an der Route. Die Daten der Betriebsruhe richten sich häufig nach den jeweiligen Schnee- und Witterungsverhältnissen. Im Zweifelsfall empfiehlt sich vorher eine telefonische Anfrage.

Und zum Schluß

Nahezu alle Ausgangspunkte der Wanderungen und Touren sind, wenn auch gelegentlich umständlich, mit öffentlichen Verkehrsmitteln zu erreichen. Hinsichtlich der Wanderkarten wird auf die Topographischen Karten des Bayerischen Landesvermessungsamts (BLVA) verwiesen.

LAWINEN Selbst im Voralpenbereich ist die Lawinengefahr nicht gänzlich auszuschließen. Man sollte jedoch niemals eigene Einschätzungen wagen, sondern sich stets an die offiziellen Meldungen der Lawinenwarndienste oder an die Hinweise der zuständigen Stellen vor Ort halten.

Im bayerische

Winterwandern zwischen Lech und Inn

Oben: Ein eisverkrustetes Gipfelkreuz in den bayerischen Bergen.

Unten: Selten muß man den Weg selbst spuren, denn auch in der kalten Jahreszeit sind die bekannten Gipfel vielbesucht.

Rechts: Im Graswangtal bei Oberammergau gibt es reichlich Schnee, wie die weißen Berge vor diesem Hof im Dorf Graswang zeigen.

n Oberland

Schloß Linde

Aussichtskanzel überm fürstlichen Jagdrevier

Oben: Zum Schloß Linderhof des Märchenkönigs Ludwigs II. pilgern täglich unzählige Besucher.

Unten: In der landschaftlich reizvollen Ammergauer Gegend trifft man das ganze Jahr über Wanderer.

Halb- bis dreivierteltägig

AUSGANGSPUNKT Schloß Linderhof (940 m), P.

ANFAHRT Aus nördlicher Richtung (Schongau) über B23 – Oberammergau oder über A Garmisch – Oberau – B23 – Ettal.

SCHWIERIGKEIT Bis Brunnenkopfhäuser leicht, Gipfelanstieg stellenweise exponiert.

HÖHENDIFFERENZEN Brunnenkopfhäuser 660 m, zum Brunnenkopf weitere 120 m.

GEHZEITEN Brunnenkopfhäuser Anstieg 2–3 Std., Abstieg max. 1,5 Std.; zum Gipfel, wenn überhaupt möglich, An- und Abstieg ab Brunnenkopfhäuser insgesamt ca. 0,5 Std.

EINKEHR Brunnenkopfhäuser, im Winter geschlossen. Schloßhotel Linderhof, Januar – März, 24./25. Dezember geschlossen, Tel. 0 88 22/79-0.

KARTE Füssen und Umgebung (BLVA).

Das Ammergebirge wurde als naturgeschütztes Jagdreservat frühzeitig dem kommerziellen Zu-

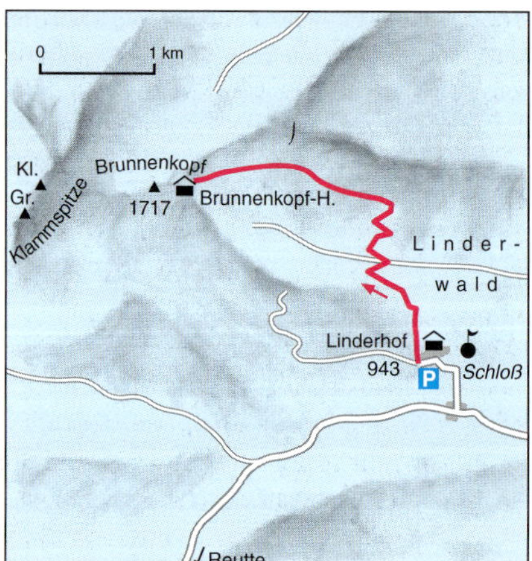

griff entzogen. Ein friedlicher, abgeschiedener Gebirgswinkel also, der dem menschenscheuen Bayernmonarchen Ludwig II. für ein weltentrücktes Refugium gerade richtig erschien. So entstand 1874–1879 das Rokokoschlößchen Linderhof, das heute als vielgefragte Attraktion täglich von zahllosen Touristen aufgesucht wird.
Neben den Prozessionen der Schloßbesucher zieht es auch zahlreiche Bergwanderer ins Graswangtal. Sehr beliebt ist beispielsweise der Aufstieg von Linderhof zu den Brunnenkopfhäusern unterm Brunnenkopf, der sich auch im Winter gut durchführen läßt (Einkehr im Winter geschlossen).

Wegverlauf Vom Westrand des P beim Schloß Linderhof (940 m) auf bezeichnetem Waldweg in etlichen Kehren auf die Höhe des Pürschlingkamms und zuletzt auf dem Kammweg westwärts zu den Brunnenkopfhäusern (1602 m). Eventuell weiter zum Gipfel des Brunnenkopfs (1718 m). Zurück dann auf dem gleichen Weg.

Wer Ruhe und Einsamkeit sucht, findet sie bei einer Wanderung durch das malerische und wenig besiedelte Graswangtal.

UNSER TIP! Schloß Linderhof. Im Innern schwelgt das Märchenschloß Ludwigs II. in Gold und verschwenderischem Dekor (Öffnung: tägl. 10–16 Uhr, außer 1. November, 24./25. Dezember, 31. Dezember, 1. Januar und Faschingsdienstag, Tel. 0 88 22/920 30).

2 Oberammerga

Zum Gebirgsrefugium des Märchenkönigs

Die Oberammergauer Pfarrkirche hat der Wessobrunner Baumeister Josef Schmuzer errichtet (oben).

Der terrassenförmig angelegte Garten vor Schloß Linderhof (unten).

Lang, aber unbeschwerlich

AUSGANGSPUNKT Oberammergau (838 m). P am südwestlichen Ortsrand neben der Ammer bzw. an der Eugen-Papst-Straße.

ANFAHRT Entweder Schongau – B 23 – Unter-/Oberammergau oder über A Garmisch – Oberau – B 23 – Ettal.

SCHWIERIGKEIT Leichte Talwanderung.

WEGLÄNGE 10 km (einfache Distanz).

HÖHENDIFFERENZ 100 m.

GEHZEIT 2,5 Std. (einfache Strecke).

EINKEHR Graswang; Schloßhotel Linderhof, Januar – März, 24./25. Dezember geschl., Tel. 0 88 22/79-0; Ettaler Mühle, Okt.–Weihn. Mi. Ruhetag, Tel. 0 88 21/22 14.

KARTE Werdenfelser Land (BLVA).

Während der Entstehungszeit von Schloß Linderhof erhitzten die horrenden Baukosten die Gemüter, heute dagegen ist die üppige „Alpenabsteige" des bayerischen Märchenkönigs eines der meistbesuchten Touristenziele.
Neben der bequemen Autostraße, auf der rund ums Jahr die Blechkarawanen zur Prunkresidenz im hinteren Graswangtal strömen, gibt es zum Schloß Linderhof vom Passionsspielort Oberam-

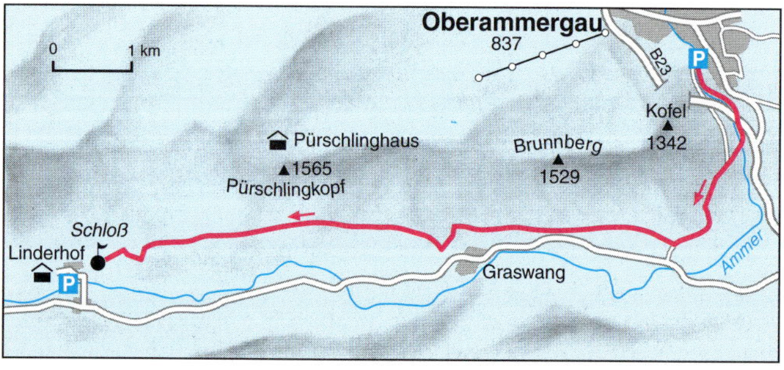

mergau aus einen höchst reizvollen Talwanderweg, der, insbesondere im weißen Winterkleid, einzigartige Natureindrücke vermittelt.

Wegverlauf Vom P am südwestlichen Oberammergauer Ortsrand (an der Eugen-Papst-Straße bzw. neben der Ammer) zunächst über die Ammerbrücke auf die westliche Flußseite, dann links neben der Ammer südwärts. Nach Unterquerung der Oberammergauer Umgehungsstraße neben der Querverbindung zur Linderhofer Fahrstraße zum rechts abzweigenden, gut markierten Wanderweg nach Graswang, Linderhof. Rechts an Graswang vorbei, anschließend mit einer leichten Steigung auf dem Kohlbachweg bis zum Schloßpark von Linderhof und entsprechend den Wegweisern weiter zum Schloß.

Für die Rückkehr nach Oberammergau gibt es zwei Möglichkeiten: Entweder man nimmt den Linienbus ab Linderhof oder geht die 10 km auf gleichem Weg ein zweites Mal zu Fuß zurück.

Die Wanderung von Oberammergau nach Schloß Linderhof ist gerade im Winter ein ganz besonderes Erlebnis.

UNSER TIP! Neben den Lüftlmalereien an vielen Häusern in Oberammergau ist auch die barocke Pfarrkirche St. Peter und Paul, ein Bau von Joseph Schmuzer (1736–1742), sehenswert. Eine Attraktion ganz anderer Art ist das komfortable Schwimmbad „Wellenberg".

Unterammerga

Gemütliche Brotzeiteinkehr überm Graswangtal

Auch im Winter ist der Weg zum August-Schuster-Haus (oben) völlig ungefährlich.

Rast in der Wintersonne auf der Terrasse des August-Schuster-Hauses (unten).

Die Silhouette von Unterammergau.

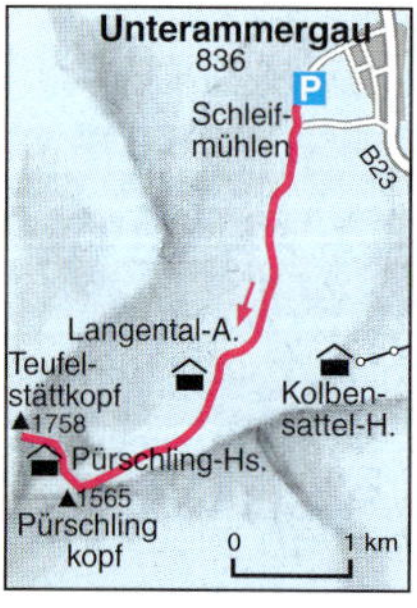

Beachtliche Anstiege, aber geruhsam

AUSGANGSPUNKT Unterammergau (836 m), P am westlichen Ortsrand und an der Pürschlingstraße.

ANFAHRT Siehe Tour 2.

SCHWIERIGKEIT Auch im Winter ungefährliche Wegverhältnisse. Bis August-Schuster-Haus leicht, zum Teufelstättkopf stellenweise exponiert.

HÖHENDIFFERENZ 730 m.

GEHZEIT Anstieg bis zu 3 Std., Abstieg max. 2 Std.

EINKEHR August-Schuster (Pürschling)-Haus (1565 m), in der Regel ganzj. bewirtschaftet, November geschlossen, Tel. 0 88 22/35 67.

KARTE Werdenfelser Land (BLVA).

Das Graswangtal zwischen Oberammergau und Linderhof wird im N vom Pürschlingkamm begrenzt, der im Sommer mit seinen vielen und höchst beliebten Bergwanderrouten großen Zuspruch findet. Als Höhepunkt gilt vor allem der Steig über den gesamten Kamm. Wenngleich sich die Auswahl der „machbaren" Unternehmungen in der kalten Jahreszeit etwas reduziert, so gibt es immer noch genügend Möglichkeiten.

Etwa den Unterammergauer Schleifmühlenweg, dessen Name an das einstige Wetzsteingewerbe,

das in dieser Gegend ansässig gewesen ist, erinnert. Er steuert von N den Pürschling an.
Bei dieser Anstiegsalternative vermissen wir allerdings die großen Ausblicke bis zuletzt. Ist man aber bei der gediegenen Einkehr August-Schuster-Haus angekommen, ist derlei schnell vergessen, denn von der Kammhöhe liegt die ganze Ammergauer Bergwelt unverstellt vor unseren Blicken.

Wegverlauf Vom P am westlichen Ortsrand Unterammergaus auf einer Forststraße neben der Schleifmühlenlaine (Alternative: bei der ersten Wegteilung rechts und auf dem Klammweg Richtung Pürschling) gleichmäßig bergan und zur Langentalalm (1192 m). Auf dem Sommerweg (auch im Winter zu gehen) weiter ansteigend zur Kammhöhe und rechts zum bereits sichtbaren August-Schuster-Haus (1565 m). Je nach Weg- und Schneeverhältnissen noch zum Teufelstättkopf (1758 m; hin und zurück etwa 1,5 Std.). Der Abstieg erfolgt auf dem gleichen Weg.

Der Höhenzug des Pürschlings nördlich des Graswangtals ist im Sommer wie im Winter ein ideales Wandergebiet.

UNSER TIP! Unterammergau war einst ein bedeutendes Zentrum der Wetzsteinherstellung. Die Etappe unserer Wanderung neben der Schleifmühlenlaine ist gleichzeitig auch ein Ausflug in die Vergangenheit des Ortes.

Oben: Wegkreuze sind auch im Tiroler Alpenraum ein vertrauter Anblick.

Unten: Gefrorener Reif macht im Winter aus den Bäumen malerische Gebilde.

Winterspaziergänge unter der Zugspitze

Geruhsame Höhenwanderung

AUSGANGSPUNKT Ehrwald, Ortsmitte.

ANFAHRT Über Garmisch – Griesen.

SCHWIERIGKEIT Leicht, geräumte Wege.

WEGLÄNGE Kleine Runde bis zur Almbahn-Talstation 4,5 km; zur Alm mit Rückweg 11,5 km.

HÖHENDIFFERENZEN Kleine Runde 110 m; zur Alm 510 m.

GEHZEITEN Kleine Runde 1,5 Std.; zur Alm 4 Std.

EINKEHR Ehrwalder Alm, Tel. 00 43/5673/25 34, u. a.

KARTE Werdenfelser Land (BLVA).

Das Tiroler Dörferdreieck Biberwier – Lermoos – Ehrwald besticht in erster Linie durch seinen beeindruckenden Naturrahmen. So gesehen war die Blüte dieser Orte auf der Sonnenseite der Zugspitze als „Sommerfrische“ nur eine Frage der Zeit.
Mit der vehementen Entwicklung des Tourismus etablierte sich denn auch im Lauf der letzten Jahrzehnte ein nahezu lückenloses Ferien- und Freizeitangebot, das auch für die Winterwanderer Beeindruckendes zu bieten hat.
Dazu gehören die schönen Kurzrunden und Spaziergänge zur Talstation der Ehrwalder Almbahn oder hinauf zur Ehrwalder Alm.

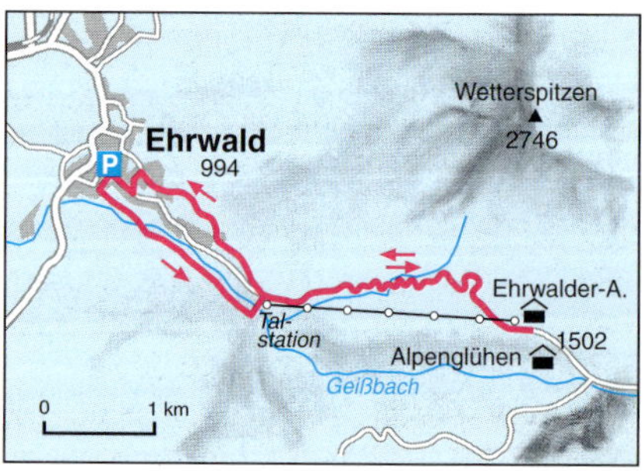

Wegverlauf Vom Ehrwalder Ortszentrum bzw. gegenüber der Kirche nach S Richtung Kunsteisbahn. Am südlichen Ortsrand links zum Geißbach, dann wieder links Richtung Biberwier, Lärchenwald und zum Eisstadion. Hier bei der Wegteilung geradeaus und bald von der linken auf die rechte Bachseite wechseln. Nach einem zügigen Zwischenanstieg auf einem schneegeräumten idyllischen Fußweg gelangen wir bis auf die Höhe der Talstation der Ehrwalder Almbahn. Links über den Bach und den P zum Fahrweg. Auf diesem rechts zur Ehrwalder Alm (1502 m). Vorsicht, das Sträßchen ist gleichzeitig Rodelbahn und möglicherweise glatt! Der Rückweg entspricht bis zur Bergbahn-Talstation dem Hinweg. Dann geht es auf der Straße noch einige Meter Richtung Ehrwald und rechts abzweigend auf einem beschilderten Fußweg zum Ausgangspunkt zurück.
Die Kurzrunde spart die Ehrwalder Alm aus und macht bereits beim P der Talstation kehrt.

Die Pyramide der Sonnenspitze überragt neben der Zugspitze als zweites Wahrzeichen den Ort Ehrwald.

UNSER TIP! Auf die Ehrwalder Alm fährt auch eine Seilbahn hinauf. Die Talstation liegt 1,5 km südöstlich von Ehrwald. Für die Abfahrt ins Tal kann man bei genügend Schnee die Naturrodelbahn auf dem Zufahrtssträßchen zur Alm nehmen.

Garmisch-Eck

Paradeausblick und Schluchtromantik

Nicht anstrengend

Die Wanderung vom Eckbauer zur Partnachklamm besticht durch schöne Ausblicke auf das Wettersteingebirge mit der Alpspitze (oben).

Von der Partnachklamm kann man sich einen Teil des Wegs im Pferdeschlitten fahren lassen (unten).

AUSGANGSPUNKT Garmisch-Partenkirchen, Kainzenbad bzw. Kreiskrankenhaus (720 m) am Südostrand Partenkirchens im S der nach Mittenwald führenden B2 (P).

ANFAHRT Über A Garmisch.

SCHWIERIGKEIT Leicht, geräumte Wege.

WEGLÄNGE 10,5 km.

HÖHENDIFFERENZ 520 m.

GEHZEIT Höchstens 4 Std.

EINKEHR Berggasthaus Eckbauer (1237 m); Mai–Oktober, Mi. Ruhetag. Betriebsferien April, Anfang November bis 24. Dezember, Tel. 08821/2214.

KARTE Werdenfelser Land (BLVA).

Als touristischer Bestseller gehört die Rundwanderung Garmisch–Eckbauer–Partnachklamm schon lange zum Standardprogramm der Werdenfelser Aktivurlauber. Die Gründe dafür liegen auf der Hand, denn zum einen wartet auf dem

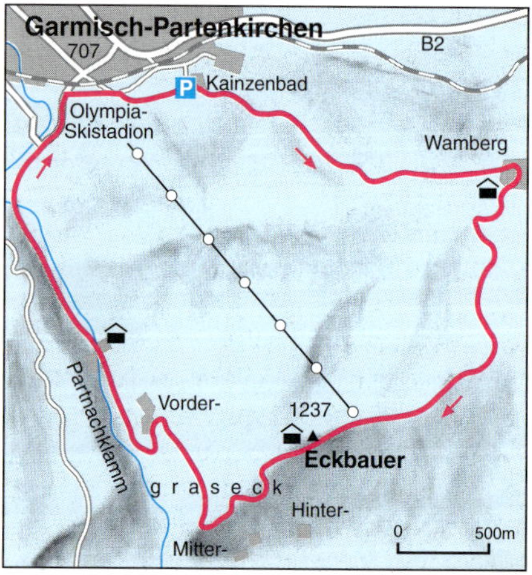

In der wildromantischen Partnachklamm bei Garmisch-Partenkirchen.

Wamberger Höhenrücken vom netten Gasthof Eckbauer eine prächtige Aussicht auf das nahe Wettersteingewände, zum anderen zählt die 700 m lange und bis zu 70 m tief eingeschnittene Felsschlucht der Partnach zu den grandiosesten Naturschauspielen im bayerischen Gebirge. Die Klamm wurde bereits 1912 erschlossen.

Wegverlauf Vom P Kainzenbad/Kreiskrankenhaus am Südostrand Partenkirchens (Zufahrt über B2) entsprechend der Wegtafel auf Fahrweg nach Wamberg (966 m). Hier rechts Richtung Eckbauer und teilweise etwas steiler zum Berggasthaus Eckbauer (1237 m) hinauf. Über Treppen und Waldwege nach Vordergraseck hinunter, scharf links zurück nach Mittergraseck und erneut bergab zum Südeingang der Partnachklamm. Durch die Klamm und neben der Partnach zum Garmischer Olympiastadion. Über die Bahn und nach N zur B2. Neben dieser kurz rechts und nochmal rechts zum Ausgangspunkt zurück.

UNSER TIP! Die Partnachklamm zählt zu den eindrucksvollsten Naturerlebnissen im bayerischen Gebirgsraum. Sie ist nur während der Schneeschmelze im Frühjahr geschlossen. Dann steigt man von Vordergraseck in nordwestlicher Richtung direkt zum Partnachweg und dann zum Olympiastadion ab.

Klais-Kranzb

Wanderparadies vorm Karwendel

Oben: Gleich zu Beginn der Wanderung von Klais nach Elmau steht diese Wegkapelle.

Unten: Für Kinder sind lange Talwanderungen selten ein Vergnügen. Mit dem Schlitten gezogen zu werden macht da schon viel mehr Spaß.

Ausgedehnt, aber geruhsam

AUSGANGSPUNKT Mittenwald, Talstation Kranzberglift (980 m), bzw. Klais Bhf. (952 m).

ANFAHRT Entweder über A Garmisch – B 2 oder B 11 – Walchensee – Mittenwald.

SCHWIERIGKEIT Talspaziergang bzw. leichte Bergwanderung.

WEGLÄNGEN Kranzberg-Runde 10 km; Klais – Elmau – Mittenwald 14 km.

HÖHENDIFFERENZEN Kranzberg 470 m, Klais – Mittenwald 100 m.

GEHZEITEN Kranzberg-Runde, je nach Schneelage, 3,5 – max. 4 Std.; Klais – Mittenwald ca. 4,5 Std.

EINKEHR Kranzberghaus, auch im Winter durchgehend geöffnet, kein Ruhetag, Tel. 0 88 23/ 15 91; Ferchensee, Ende Oktober – ca. 21. Dezember geschlossen, ab 6. Januar Do. Ruhetag, Tel. 0 88 23/14 09; St. Anton, Lautersee u. a.

KARTE Karwendelgebirge (BLVA).

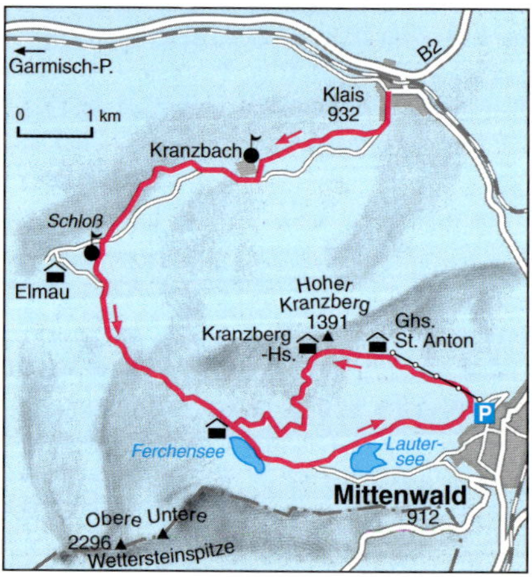

Seine Lage an einer alten Römer- und späteren Handelsstraße verhalf dem Karwendeldorf Mittenwald schon frühzeitig zu Bedeutung und Wohlstand. Im Jahr 1680 brachte Matthias Klotz, der in Italien bei dem berühmten Nicolo Amati in Cremona den Geigenbau erlernt hatte, dieses Handwerk in sein Heimatdorf. Als noch einträglichere Erwerbsform etablierte sich im vergangenen Jahrhundert dann der Fremdenverkehr.

Wer eine geruhsame Wanderung machen will, findet dafür den Schwerpunkt im Kranzberg-Revier westlich der Isar. Gegenüber den hochalpinen Karwendelmauern bietet sich diese Gegend für vielgefragte und geruhsame Unternehmungen an, die sich in der winterlichen Landschaft ganz besonders ansprechend gestalten lassen.

So kann man bei maßvoller Schneelage zum Kranzberggipfel aufsteigen, wo trotz der bescheidenen Gipfelhöhe eine atemberaubende Aussicht überrascht. Anschließend kann man die Abstiegs-

Verschneiter Stadel bei Klais. Zwischen diesem Ort und Mittenwald erstreckt sich das Kranzberggebiet, das dem Karwendel gegenüberliegt.

Oben: Die Runde Kranzberg – Ferchensee kann man auch mit dem Pferdewagen machen.

Unten: Das Geigenbaumuseum in Mittenwald erinnert an die lange Tradition dieses Handwerks.

variante über Ferchen- und Lautersee wählen und somit die kleine Bergwanderung zu einer ergiebigeren Rundtour ausweiten.
Ebenso beeindruckend ist die 14 km lange Wanderung von Klais nach Mittenwald, die am Schloß Elmau, am Ferchen- und Lautersee vorbeiführt.
Es bieten sich aber noch weitere Varianten an. Wer bei der zweitgenannten Talwanderung die Bahn zwischen Klais und Mittenwald nicht nimmt, kann als tüchtiger Wanderer auch zu Fuß auf der gleichen Route gehen oder über den Kranzberg und Schloß Kranzbach nach Klais zurückkehren.
Ebenso ansprechend ist die Route, die von Klais nach Kranzbach über Hoher Kranzberg, St. Anton oder Ferchensee bis nach Mittenwald führt.

Wegverlauf a) Kranzberg: Von der Talstation des Kranzberg-Sessellifts (980 m) am nordwestlichen Mittenwalder Ortsrand (bezeichnete Zufahrt, P) auf markiertem Weg nach St. Anton (1140 m) und weiter zum Hohen Kranzberg

(1391 m). Vom Kranzberghaus nach SW und bei der Wegteilung links zum Ferchensee (1059 m) hinab. Auf gut bezeichneten Straßen und Wegen zum Lautersee, links daran vorbei und bei der nächsten Wegteilung links zum P des Lifts zurück. b) Klais–Mittenwald: Am besten zuerst nach Mittenwald. Am Bhf. parken und mit der Bahn nach Klais. Dort vom Bhf. (952 m) auf dem Elmauweg südwärts (Teerstraße), dann rechts, später links zum Schloß Kranzbach (Wegweiser beachten) abzweigen. Hinter Kranzbach auf der Fahrstraße kurz rechts, dann abermals rechts Richtung Elmau. Auf dem idyllischen Wanderweg zum Müllerschen Schloß, links daran vorbei und auf bestens bezeichnetem Sträßchen zum Ferchensee. Schräg links auf einer Wanderwegabkürzung zum Lautersee und bei der nachfolgenden Wegteilung (siehe a) nicht links, sondern geradeaus und im romantischen Lainbachtal nach Mittenwald. Durch den Ort nach O zum Bhf.

Die eindrucksvolle Kulisse des Karwendelmassivs und die mit Lüftlmalereien geschmückten Fassaden seiner Häuser machen Mittenwalds ganz besonderen Reiz aus.

UNSER TIP! Ein Besuch des berühmten Geigenbaumuseums von Mittenwald, Ballenhausgasse 3, ist geradezu ein Muß. Öffnung: täglich von Mai–Oktober und Weihnachten bis Ostern.

7 Durch das Mu

Maleridylle vor einer Bilderbuchkulisse

Kaum anstrengend

Oben: In Murnau gibt es sehenswerte Kirchen. Berühmt wurde der Ort durch den russischen Maler Wassily Kandinsky. Er lebte hier mit der Malerin Gabriele Münter (siehe auch „Unser Tip“).

Unten: Murnau liegt erhöht zwischen Moos und Staffelsee. Die Wanderrouten in dieser Region sind ausgezeichnet beschildert.

AUSGANGSPUNKT Ramsachkirchlein südwestlich von Murnau am Nordrand des Murnauer Mooses.

ANFAHRT B 2 – Murnauer Marktstraße – zum südlichen Ortsausgang – nach der Bahnunterführung rechts Richtung Ramsach und zum P beim Ramsachkirchlein.

SCHWIERIGKEIT Leicht, nur der Moos-Brettersteig kann vereist und glatt sein.

WEGLÄNGE 12 km.

GEHZEIT 3,5 – max. 4 Std., je nach Schneelage.

HÖHENDIFFERENZ Ca. 50 m.

EINKEHR Ramsach, Gasthof Ähndl, Do. Ruhetag, November geschlossen, Tel. 0 88 41/52 41.

KARTE Pfaffenwinkel, Staffelsee, Murnau und Umgebung (BLVA).

Mit einer Tiefe von stellenweise über 15 m und einer Ausdehnung von 32 km^2 ist das Murnauer Moos der flächenmäßig größte und feuchteste Moosboden Süddeutschlands. Eine Naturlandschaft ersten Ranges, die mit einer 12-km-Runde auch für die Wanderer bestens erschlossen ist.

Wegverlauf Vom P beim Ramsachkirchlein am Nordostrand des Murnauer Mooses entspre-

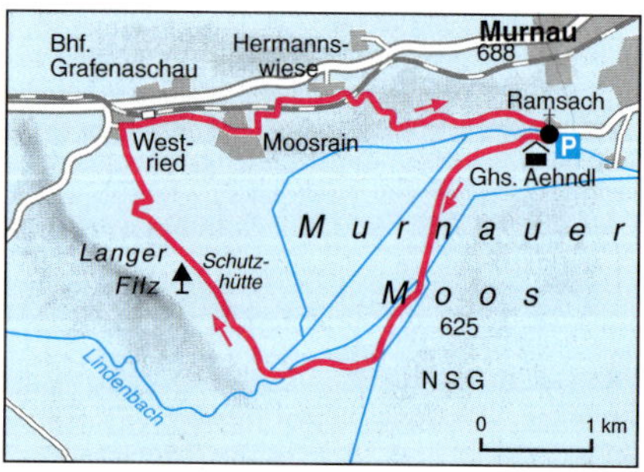

chend dem Wegweiser: Moos-Rundweg zuerst nach S über die Ramsach. Anschließend rechts und am linken Bachufer in die südwestliche, dann südliche Richtung. Mit großartigen Ausblicken auf die Wettersteinkulisse geht man auf den Moos- und Wiesenböden nahezu eben dahin. Nach einiger Zeit wieder rechts über den Bach und wenig später durch einen Waldstreifen. Dahinter auf einem Brettersteig durch die malerische Kernzone des Mooses. An einer kleinen Schutzhütte mit Infotafel vorbei. Weiter in nordwestlicher Richtung, zuletzt auf einem Sträßchen (Wegpfeil: Moos-Rundweg stets beachten!) nach Murnau-Westried. Hier vor der Bahn rechts nach Moosrain. Dort am östlichen Siedlungsrand (Wegweiser!) links durch ein Wäldchen zum Bahngleis hinauf, über die Schienen und nördlich davon rechts. Nach ca. 800 m wieder rechts halten, erneut über die Gleise und auf einer Höhe mit Aussichten nach S, dann in östlicher Richtung zum Ausgangspunkt hinab.

Die Rundwanderung durch das Murnauer Moos ist auch im Winter schön.

UNSER TIP! In Murnau sollte man sich die Marktstraße, die Kirche St. Nikolaus und das Ramsachkirchlein anschauen. Berühmt ist der Ort aber wegen des Gabriele-Münter-Hauses (Museum). Hier lebte die Malerin (1877–1962) mit Wassily Kandinsky (1866–1944), dem Gründer der Künstlergruppe Blauer Reiter.

8 Pähl-Kersch

Der Weg zwischen Pähl und Kerschlach führt durch einige Waldstücke (oben).

Die Lebende Krippe in Andechs ist ein Zeugnis bayerischer Volksfrömmigkeit (unten).

Abendstimmung auf einer Anhöhe bei Andechs.

Rokokopracht und Biermekka

Tagfüllend

AUSGANGSPUNKT Pähl, P beim Hochschloß.

ANFAHRT A Starnberg – B2 Richtung Weilheim – Hirschberg – rechts in Richtung Pähl – Auffahrt zum Hochschloß.

SCHWIERIGKEIT Leichte Wanderung.

WEGLÄNGE Gesamter Rundweg 16 km.

GEHZEIT Je nach Schneelage 5 Std. und mehr.

EINKEHR Andechs, Klostergasthof, Tel. 08152/93090.

KARTE Ammersee und Umgebung (BLVA).

Das Kloster Andechs hat sich mit der prunkvollen Rokokokirche und den süffigen Produkten seiner berühmten Brauerei gleich mehrfach einen Namen gemacht. Daher ist es auch kein Wunder, daß Scharen von Wanderern unermüdlich zu dieser Kunst- und Bierhochburg wallfahren. Fast am schönsten ist es hier im Winter und auf der beliebten Großrunde von Pähl über Kerschlach.

Wegverlauf Vom P nördlich des Hochschlosses auf der Alleestraße nordwärts, dann rechts Richtung Kerschlach. Auf einer querenden Teerstraße links halten und bei einer folgenden Wegteilung abermals nach links. Auf einem Alleeweg durch einen Waldstreifen nach Kerschlach. Unmittelbar

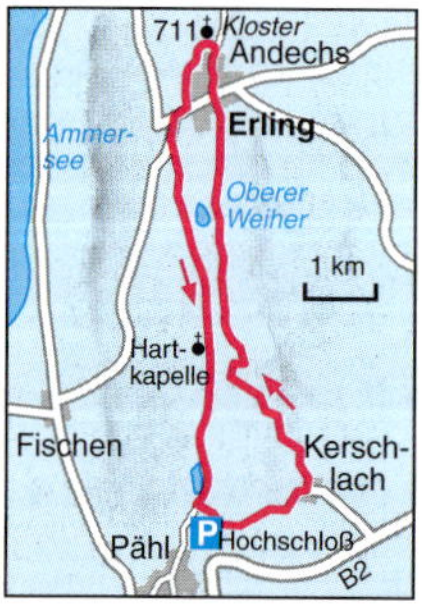

Die Barockkirche des Klosters Andechs.

vor dem Gut links in Richtung Machtlfing. Zunächst durch freies Feld, dann im Rechtsbogen in den Wald. Etwa 300 m nach dem Waldeingang bei einem Wegdreieck links halten, 200 m später abermals links. Nach etwa 500 m auf einem Forstweg rechts, kurzzeitig weglos über freies Feld, anschließend wieder im Wald und auf deutlichem Weg zu einem Feldkreuz und zu einer querenden Forststraße. Auf dieser rechts und auf der Maimoosroute nach Erling-Andechs.

In der Ortsmitte entsprechend der Beschilderung zum Kloster. Nach Kirchenbesichtigung und Brotzeit wieder auf gleichem Weg zur Herrschinger Straße zurück. Auf der Herrschinger Straße rechts bis zum westlichen Ortsrand, kurz links Richtung Fischen, dann bei einem P schräg links und auf den Wanderweg nach Pähl. Hoch über dem Ammersee nach S und bei einer späteren Wegteilung rechts zur Hardtkapelle. Zuletzt am Hochschloßweiher vorbei und zurück.

UNSER TIP! Die Andechser Klosterkirche entstand ab 1420, wurde 1669 bei einem Brand teilweise zerstört und im Stil des späten Barocks von Johann Baptist Zimmermann u. a. prächtig ausgestattet. Das berühmte Bier, das hier seit 1455 gebraut wird, zieht das ganze Jahr über viele Besucher zum „heiligen Berg".

Tutzing–Ilka

Oben: Die alte Hofmarkskirche in Bernried weist eine schöne Inneneinrichtung auf.

Unten: Der Winter bildet kleine Kunstwerke am Wegesrand.

Berühmte Aussichtskanzel, gepflegter Park

Lang, aber leicht, und mit Anstiegen

AUSGANGSPUNKT Tutzing, Bhf. (P).

ANFAHRT Über A Starnberg – Starnberger See – Westuferstraße – Tutzing – Bahnhofstraße; mit der S-Bahn (S6) oder Zug München–Garmisch.

SCHWIERIGKEIT Leicht.

WEGLÄNGE 20,5 km.

HÖHENDIFFERENZ 120 m.

GEHZEIT Je nach Schneelage 5,5–7 Std.

EINKEHR Bernried, Unterzeismering, Tutzing.

HINWEIS Wanderkarte zusätzlich erforderlich.

KARTE Starnberger See und Umgebung (BLVA).

Die Tutzinger Ilkahöhe und der Bernrieder Park gehören von jeher zu den meistgewählten Zielen der Münchner Ausflügler. Die Vorzüge des an schönen Aussichten reichen Moränenrückens und des Landschaftsparks lassen sich im Verlauf einer Winterwanderung in einem Durchgang erleben.

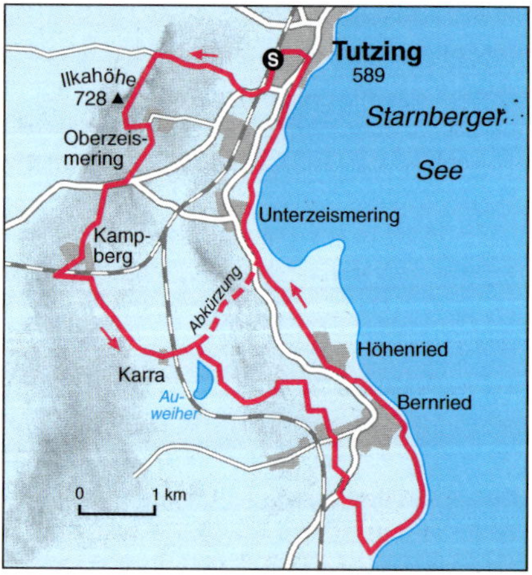

Wegverlauf Vom Tutzinger Bhf. auf dem Kellerweg südwärts bis zur Weilheimer Straße. Auf dieser rechts und unter der Bahnunterführung hindurch. Danach auf einem Gehsteig zur schräg rechts abzweigenden Monatshauser Straße. Auf dieser (oder auf einem links abzweigenden Waldwanderweg) zügig empor. Am Waldausgang zunächst über eine Querstraße, dann links auf den Wiesenkamm der Ilkahöhe. Mit schönen Ausblicken nach S bis zum höchsten Punkt, dann am Südrand der kleinen Baumgruppe links hinab.
Auf einem Querweg kurz rechts, hinter einem Weiher links und beim Oberzeismeringer Gut erneut rechts. Auf einer Forststraße nach SW zur Weilheimer Straße hinunter. Auf dieser nur ein kurzes Stück rechts, dann wieder auf der Kampberger Straßenzufahrt links. Auf der Bahnhofstraße durch Kampberg und westlich des Bhf. über die Gleise. Unmittelbar nach den Bahnschranken links, kurzzeitig neben dem Bahngleis nach O,

Bernried am Starnberger See hat sich viel von seiner ursprünglichen Dörflichkeit bis heute bewahrt.

Am Seeufer im Bernrieder Park zwischen Bernried und Seeseiten (oben).

Die kleine Rodlerin vergnügt sich auf der Ilkahöhe (unten).

anschließend im Rechtsbogen in südöstliche Richtung und auf einem Forstweg zum Weiler Karra. Hier bei der Wegteilung links und durch die kleine Rundbogen-Bahnbrücke.

Etwa 250 m hinter der Bahnunterführung rechts zum Auweiher abzweigen und an diesem links vorbeigehen. Nach einem Linksbogen des Forstwegs bei der Wegteilung wieder rechts halten und im langgezogenen Linksbogen zuerst durch Wald, dann über freies Feld. Zuletzt wieder im Wald und bei einer weiteren Wegteilung nicht links nach Höhenried, sondern rechts weitergehen.

Auf einem Waldweg leicht bergan. Links herum an einem Weiher vorbei und zum nordöstlichen Siedlungsrand von Bernried. Geradeaus weiter nach SW und zur Weilheimer Allee. Auf dieser nur einige Schritte rechts bis zur links abzweigenden Karwendelstraße. Schräg rechts über die querende Bahnhofstraße und auf der Alpspitzstraße weiter. Auf der Seeshaupter Straße wenige Meter rechts,

An föhnklaren Tagen reicht der Blick von der Ilkahöhe bei Tutzing bis zu den Zentralalpen.

dann auf der Parkstraße wieder links und zum Bernrieder Park. Hier auf dem Reitweg rechts und leicht bergab zum Waldanfang gehen. Unmittelbar davor links auf den Unteren Seeweg abbiegen. In östlicher Richtung kommt man zum östlichen Parkausgang und kurz davor schräg rechts zum Bernrieder Dampfersteg.

Wir bleiben weiterhin dicht am Seeufer, steigen anschließend im Linksbogen kurz an und halten uns unterhalb der Umfriedung des Bernrieder Hofguts rechts. Weiter durch ein Hotel- und Segelbootgelände und erneut am See dahin, dann links empor. Rechts auf einem Gehweg neben der Fahrstraße bergan, schräg rechts zum Haupteingang der Höhenrieder Klinik, links daran vorbei und auf einem Alleeweg nach Unterzeismering hinunter. Am Ortseingang rechts abbiegen und auf einem beschilderten Fußweg nach Tutzing. In die Ortschaft und auf der Bahnhofstraße links zu unserem Ausgangspunkt zurück.

UNSER TIP! Der Moränenzug der Tutzinger Ilkahöhe ist nach einer einstigen Tutzinger Grafentochter benannt worden. Die berühmte Aussichtsrampe erhebt sich bis zu 130 m über dem Starnberger See, und der Blick reicht bei gutem Wetter bis in die Zentralalpen.

Naturromantik vor Münchens Haustür

Oben: Wenn der erste Schnee fällt, gehört es für Kinder einfach dazu, einen Schneemann zu bauen. Dabei haben auch die Eltern Spaß.

Unten: Auf dem Schloß Possenhofen am Starnberger See verlebte die spätere Kaiserin Elisabeth von Österreich, bekannter als Sissi, ihre Kindheit.

Kurz und angenehm zu gehen

AUSGANGSPUNKT Starnberg Bhf.

ANFAHRT Über A München–Starnberg bzw. S 6.

SCHWIERIGKEIT Leichte Wanderung.

WEGLÄNGE 14 km.

HÖHENDIFFERENZ 70 m.

GEHZEIT 4–4,5 Std.

EINKEHR Gaststätte Maisinger See, Pöcking u. a.

KARTE Starnberger See und Umgebung (BLVA).

Die romantische Maisinger Schlucht, der malerische Maisinger See mit einer gemütlichen Einkehr und der Prinzenweg über dem Starnberger See sind für den Kenner dieses Gebietes nichts Neues. Die Runde hat eine Streckenlänge von 14 km und bezieht alle Höhepunkte ein.

Wegverlauf Vom Starnberger Bhf. auf der Bahnhofstraße links vor, dann rechts hinauf zur Weilheimer Straße. Über die Kreuzung und weiter Richtung Söcking. Nach etwa 400 m nach links abzweigen und auf der Maisinger-Schlucht-Straße nach SW. Auf einem Wanderweg über freies Feld gehen und unterhalb von Söcking auf der Verbindungsstraße Söcking–Neusöcking kurz links halten. Nach der Bachüberquerung gleich

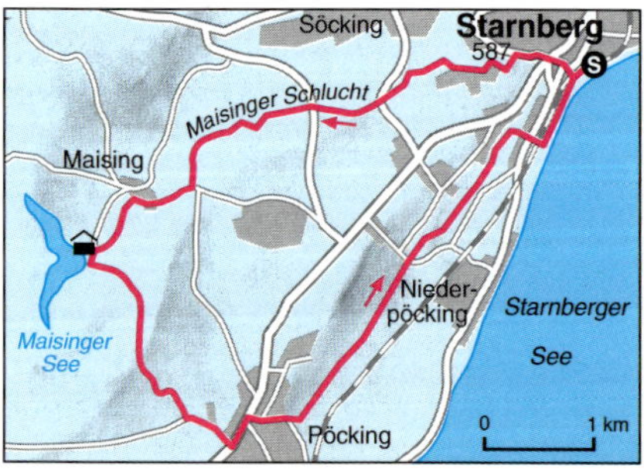

Das Naturschutzgebiet um den Maisinger See ist von jeher ein Naherholungsziel für die Münchner.

wieder rechts und dann Richtung Maising. Wenig später erreichen wir die Maisinger Schlucht.
Nach Durchquerung des waldschattigen Bachgrundes ansteigend nach Maising. Hier auf der Fahrstraße rechts und in die Dorfmitte. Auf einem Fußweg oder auf dem Zubringersträßchen entsprechend der Beschilderung links zum Maisinger See abbiegen. Nach einer Imbißpause in der dortigen Gaststätte einige Schritte nach S, dann links auf dem bezeichneten Wanderweg Richtung Pöcking. Dort auf der Ascheringer Straße ein paar Meter links, dann abermals links ins Ortszentrum. Auf der Alten Bahnhofstraße rechts bis zum schräg links abbiegenden Franziska-Günther-Weg. Zum nordöstlichen Pöckinger Ortsrand und ab hier auf dem linksgerichteten Prinzenweg nach Starnberg. Auf Fußwegen rechts zum Almeidaweg und zur Possenhofener Straße hinab. Auf dieser kurz links, dann rechts durch eine Fußgängerunterführung zur Seepromenade und links zurück zum Bhf.

UNSER TIP! Es ist nur ein kurzer Abstecher nach Possenhofen am Starnberger See. Im dortigen Schloß verbrachte Sissi, die spätere österreichische Kaiserin Elisabeth (1837–1898), ihre Kindheit. Im Schloß befindet sich heute ein First-class-Hotel.

11 Um den große

Malerwinkel und Freizeitoase

Gemütlich und vielbegangen

Auf der Rundwanderung um den großen Ostersee (oben).

Die Moorlandschaft mit den Osterseen ist ein abwechslungsreiches Wandergebiet (unten).

Schneekristalle – eine kleine Wunderwelt für sich.

AUSGANGSPUNKT P an der Straße Seeshaupt–Penzberg.

ANFAHRT Über A Garmisch Ausf. Penzberg Richtung Seeshaupt oder Ausf. Seeshaupt Richtung Penzberg.

SCHWIERIGKEIT Leicht.

WEGLÄNGE 8,5 km.

HÖHENDIFFERENZ Unerheblich.

GEHZEIT 2,5 – max. 3 Std.

EINKEHR Am Weg keine.

KARTE Starnberger See und Umgebung (BLVA).

Im Gegensatz zu dem eher herrschaftlich wirkenden Starnberger See haben die nördlich anschließenden kleinen Osterseen einen mehr lieblichen Charakter – sie sind ein Malerparadies, dessen natürlicher Zauber einst viele Künstler fasziniert hat. Heute belagern Spaziergänger und im Sommer dazu Badegäste die Ufer. Ausgesprochen reizvoll zeigt sich diese Landschaft aber auch im Winter, und die beliebte 8,5-km-Runde um den großen Ostersee ist auch bei schlechten Schnee- und Wegverhältnissen stets begangen.

Wegverlauf Mit dem Auto von Seeshaupt nach Penzberg und zu den P 4 bzw. 4,5 km hinter Sees-

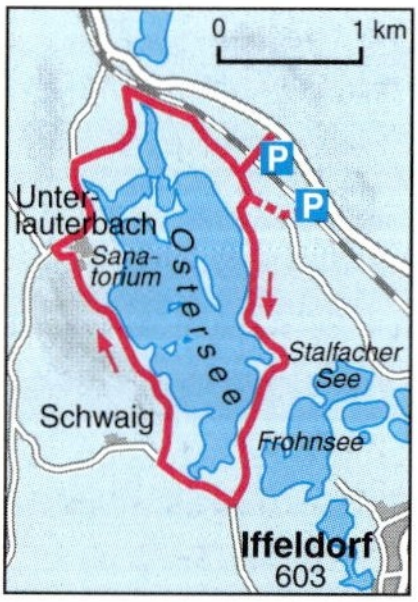

haupt. Der Weg vom ersten P (rechts der Straße bei einem Bauernhof) führt zuerst auf schnurgeradem Feldweg nach SW und unter der Bahn durch. Vor dem See auf dem Querweg links und bei der Waldecke rechts (Wegweiser: Rundweg Ostersee). Bergab zum See und auf einem Fußweg links. Wir folgen der guten Beschilderung am Ostufer des Ostersees. Vor dem Fohnsee rechts und an sein Südwestufer. Bei der Wandertafel wieder rechts und auf einem Sträßchen bis zu einer Wegteilung. Hier rechts Richtung Lauterbach.
Wir bleiben stets in Seenähe, gehen dann einen Linksbogen und steigen zur Lauterbacher Mühle an. Links daran vorbei und hinter einem P auf der Teerstraße rechts. Nach ca. 600 m bei einem Ruheplatz mit Wandertafel wieder rechts auf einen Wanderweg abbiegen. Durch Wald und Schilf zu den Bahngleisen. Davor rechts und an der Zugtrasse entlang in südöstliche Richtung. Zuletzt wieder auf dem Feldweg links zum P zurück.

Wenn die Osterseen im Winter zugefroren sind, treffen sich hier die Schlittschuhläufer.

UNSER TIP! Die Osterseen sind eine Hinterlassenschaft der letzten Eiszeit. Wer den großen Ostersee umwandert, wird Einkehrmöglichkeiten vermissen, die gibt es dafür zahlreich in Iffeldorf. In dem Ort ist die Kirche St. Veit mit Wessobrunner Stuck, der Franz Xaver Schmuzer zugeschrieben wird, sehenswert.

12 Jochberg–He

Altbewährte Münchner Familienberge

Im Winter ist der Herzogstand (oben) nahezu menschenleer, dafür tummeln sich auf der Piste die Skifahrer.

Vom Herzogstand und vom Jochberg hat man einen eindrucksvollen Blick auf den Walchensee (unten).

Halb- bis ganztägig, nicht schwierig

AUSGANGSPUNKT Kesselberg (858 m) bzw. Talstation der Herzogstandbahn (802 m).

ANFAHRT Über A Garmisch Ausf. Penzberg – Benediktbeuern – Kochel – Kesselberg – Walchensee.

SCHWIERIGKEIT Herzogstandwege bei normalen Winterbedingungen ungefährlich, auch der Jochberganstieg (Vorsicht allerdings am Nordabbruch).

HÖHENDIFFERENZEN Jochberg 710 m, Herzogstand ab Kesselberg 875 m, ab Herzogstandbahn 950 m; zum Herzogstandhaus (1575 m) jeweils 160 m weniger.

GEHZEITEN Jochberg Anstieg 2,5 – max. 3 Std., Abstieg ca. 1,5 Std. oder etwas mehr. Herzogstand Anstieg ab Kesselberg 3–3,5 Std., Abstieg 1 Std. weniger; ab Walchensee/Talstation Aufstieg 3,5 Std. oder etwas mehr, Abstieg ebenfalls 1 Std. weniger.

EINKEHR Berggasthof Herzogstand (1575 m), kein Ruhetag, vom 10. November bis einschließlich 24. Dezember geschlossen, Tel. 0 88 51/2 34.

KARTE Bad Tölz, Lenggries und Umgebung (BLVA).

So markant und unverwechselbar die Jochberg-Herzogstand-Heimgarten-Kulisse sich über dem Walchensee erhebt, so ungebrochen ist die Beliebtheit der bewährten Münchner Hausberge. Und

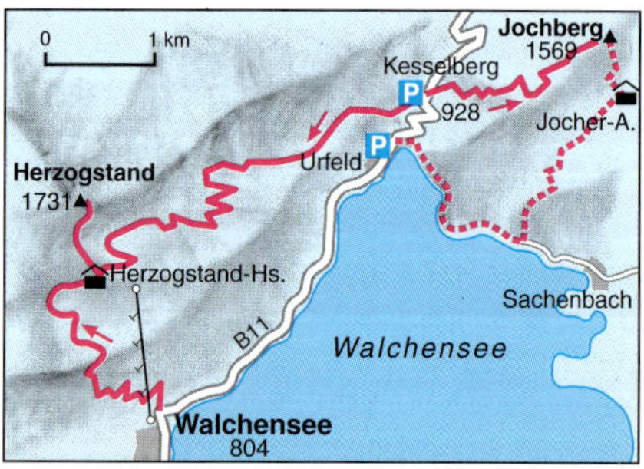

das nicht ohne Grund, denn zum ersten erwartet den Besucher dieser Vorgebirgsgipfel ein fabelhafter Rundblick, zum zweiten ist der Herzogstand mit Bergbahn und stattlichem Berggasthof bestens erschlossen. Und zum dritten kann man vom Kesselberg aus den Jochberg wie auch den Herzogstand ohne große Mühe erklimmen. Diese Touren kann man größtenteils auch im Winter durchführen.

Wegverlauf a) Jochberg (1569 m). Start auf dem Kesselberg (858 m). Östlich der Straße auf einem Bergpfad gleich zügig empor. Nach einem Absatz den südwestseitigen Waldhang hinauf und links zum Nordabbruch (Vorsicht!). Rechts zum freien Gipfelrücken und zum höchsten Punkt. Auf dem Anstiegsweg wieder zurück.

Abstiegsvariante: Vom Gipfel über den steilen Südhang zur Jocheralm (1382 m), hier schräg links und im Wald zum Walchensee, auf dem Nordufersträßchen rechts zum Kesselberg zurück.

Der Jochberggipfel läßt sich bei wenig Schnee auch im Winter gut besteigen. Beim Gipfelkreuz erwartet den Wanderer ein schöner Ausblick.

UNSER TIP! Die B11 führt über den Kesselberg nach Mittenwald. Sie war schon in früheren Zeiten eine wichtige Nord-Süd-Achse, auf der auch Goethe nach Italien reiste (1786–1788). Damals war die Straße viel steiler und von den Fuhrleuten gefürchtet.

Vom Herzogstandhaus führt ein bequemer Serpentinenweg zum Gipfelpavillon (oben) hinauf.

Der Winter zaubert so manches kleine Kunstwerk (unten).

Der Walchensee mit dem Jochberg (rechts).

b) Herzogstand (1731 m). Ausgangspunkt Kesselberg (vor und nach der Skisaison): Ebenfalls vom Kesselberg dem Wegweiser folgen und auf dem einstigen königlichen Reitweg gemütlich bergan, später in langgezogenen Schleifen oder auf einer Stapfspur zum Hochkessel unterm Herzogstandhaus. Weiter zum Berggasthof (1575 m) und schließlich auf einem Serpentinenweg zum Gipfel. Abstieg auf der gleichen Route.

Ausgangspunkt Herzogstandbahn/Talstation (südseitiger Winteranstieg): Vom P der Herzogstandbahn am nördlichen Ortseingang von Walchensee einige Meter nordöstlich zur Fahrstraße, dann links auf den Herzogstandweg. Über den bewaldeten Südhang mit schönen Ausblicken bergan zum Herzogstandhaus und weiter bis zum Gipfel.

Zusätzliche Variante Die beiden Herzogstandrouten lassen sich unter Einbeziehung des Linienbusses (Walchensee – Urfeld) zu einer abwechslungsreichen Rundtour verbinden.

13 Bad Tölz-Blo

Oben: Die gut erschlossenen Bergregionen von Blomberg und Zwiesel, den Hausbergen von Bad Tölz, sind beliebte Freizeitziele.

Unten: Wind und Wetter haben diesen Baumstamm geformt.

Das Blomberghaus kann man zu Fuß oder mit dem Sessellift erreichen.

Wochenendhit im Isarwinkel

Gemütliche Halbtageswanderung

AUSGANGSPUNKT Blombergbahn Talstation (700 m) an der B 472 von Bad Tölz nach Kochel.

WEGLÄNGE Anstieg 7 km, Abstieg 4 km.

SCHWIERIGKEIT Leicht, solide Wege.

HÖHENDIFFERENZEN Blomberg 550 m, Zwiesel 650 m.

GEHZEIT An- und Abstieg als Rundweg ca. 3 Std.

EINKEHR Blomberghaus (1203 m), kein Ruhetag, im November und Dezember bei schlechter Witterung nur am Wochenende geöffnet, Tel. 0 80 41/64 36.

KARTE Bad Tölz, Lenggries und Umgebung (BLVA).

Die große Beliebtheit des Gespanns Blomberg und Zwiesel liegt nicht zuletzt in der fehlenden lokalen Konkurrenz begründet. So bieten sich die nicht einmal 1400 m hohen Waldmugel als aufwendig erschlossene Erholungsoasen, die im Sommer wie auch im Winter mit einem respektablen Freizeitprogrammangebot aufwarten. Trotz Sommerrodelbahn, Sessellift und Skipiste ist das Tölzer Hausberg-Duo nach wie vor ein ergiebiges Wanderrevier, in dem sich eine schöne 11-km-Runde mit Abstecher zum Zwiesel durchführen läßt.

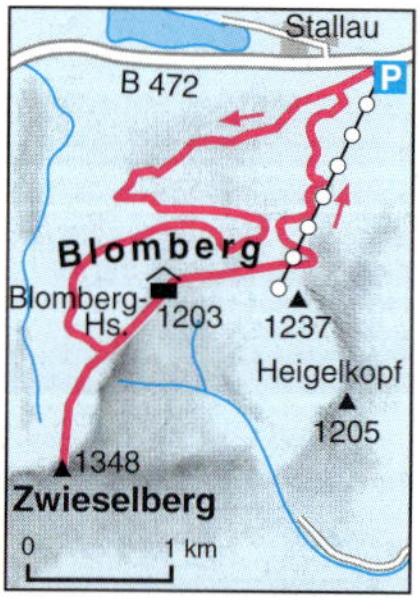

Ausblick vom Zwiesel. Es ist immer wieder ein Erlebnis, wenn man durch die Nebel in den Tälern in die sonnige Höhe hinaufsteigt.

Wegverlauf Start beim P der Blombergbahn. Zunächst dem Hinweisschild zum Blomberghaus auf einer Forststraße in südwestliche Richtung folgen. Nach etwa 200 m Wegteilung. Hier wie auf der o.g. 11-km-Runde geradeaus und auf der breiten Forststraße im weiten Bogen nordwestlich um den Blomberg herum. Mit maßvollem Anstieg und einigen ebenen Passagen zur Südseite des Blombergs und zum Verbindungsweg Blomberg–Zwiesel. Hier entweder rechts und mit zusätzlichen 100 Hm zum Zwiesel oder gleich links zum Blomberghaus (1203 m).
Nach einer Rast auf der Sonnenterrasse des Berggasthofs weiter ostwärts zum Wald und auf dem Rodelweg Richtung Talstation zügig bergab.
Links und rechts der Bergbahn zur Mittelstation des Sessellifts und neben der dort beginnenden Sommerrodelrinne weiter bergab. Zuletzt auf der bereits bekannten Forststraße wieder zu unserem Ausgangspunkt zurück.

UNSER TIP! Die platzartig geweitete Tölzer Marktstraße zählt mit den schmuckvollen Fassaden ihrer Häuser und den vorkragenden Hausdächern zu den schönsten Straßen im bayerischen Oberland.
Berühmt ist die Tölzer Leonhardiwallfahrt, die jedes Jahr Anfang November stattfindet.

14 Lenggries–Se

Vorberg mit hohen Winterqualitäten

Tagfüllendes, strammes Programm

Der Beginn der Tour auf das Seekar ist einfach (oben), der im Hirschbachtal einsetzende Sulzersteig dagegen recht anspruchsvoll, besonders bei viel Schnee.

Schneebedeckte Holzstöße (unten). Sie erinnern an die frühere Haupteinnahmequelle der Bergbauern.

AUSGANGSPUNKT Lenggries, P bei Schloß Hohenburg bzw. bei Mühlau am südöstlichen Siedlungsrand.

ANFAHRT Über B13 Bad Tölz – Lenggries, hier am südlichen Ortsrand links Richtung Hohenburg und nach Mühlbach (P).

SCHWIERIGKEIT Insgesamt leicht, steil nur am Sulzersteig.

HÖHENDIFFERENZEN Lenggrieser Hütte 610 m, Hütte–Gipfel 260 m.

GEHZEITEN Anstieg zur Lenggrieser Hütte max. 2,5 Std., Hütte – Gipfel und zurück max. 1,5 Std., Abstieg über Grasleitenweg max. 2,5 Std.

EINKEHR Lenggrieser Hütte (1339 m), ganzj. bewirtschaftet, vier Wochen vor Weihnachten und im April geschlossen, Di. Ruhetag, Tel. 01 61/1 81 65 83.

KARTE Bad Tölz, Lenggries und Umgebung (BLVA).

Das Seekar bei Lenggries zählte einst zu den vielen stillen Vorbergen, die bis vor Jahrzehnten ein Mauerblümchendasein führten. Mittlerweile sind aber auch diese Reservate ins wachsende touristische Interesse gerückt, so daß sich die rund ums Jahr bewirtschaftete Lenggrieser Hütte am Fuß des

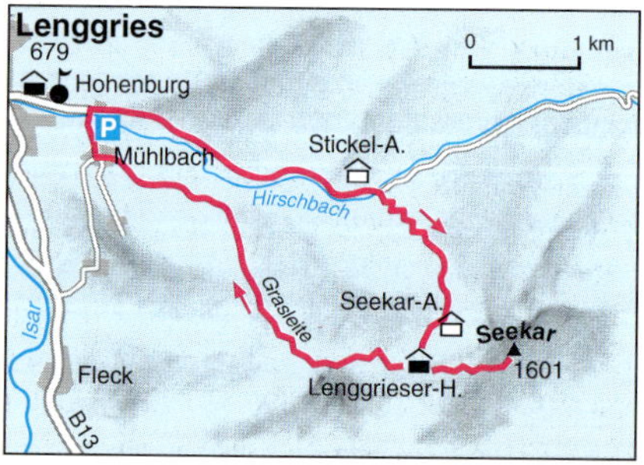

Seekargipfels inzwischen eines lebhaften Dauerbetriebs erfreut. Dies vor allem im Winter, wo sich die beliebte Sulzersteig-Seekar-Grasleiten-Rundtour besonders ansprechend darbietet. Allerdings nur, wenn der gelegentlich rutschige und unpassierbare Grasleitenweg keinen Strich durch die Rechnung macht.

Wegverlauf In Fortsetzung des Hohenburger Sträßchens Richtung Seekarkreuz/Hirschbachtal. Zuerst über freies Feld, dann ins romantische Hirschbachtal. Rechtsabzweigend auf dem Sulzersteig zur Seekaralm (1334 m) und nach S zur Lenggrieser Hütte (1339 m). Anschließend nordöstlich steil zum Kamm empor und über diesen zum Gipfel des Seekars (1601 m). Abstieg zur Hütte auf gleichem Weg, dann aber bei passablen Weg- bzw. Schneebedingungen nach W und auf dem Grasleitenweg über Mühlbach zum Ausgangspunkt zurück. Bei schlechten Bedingungen ein zweites Mal auf dem Sulzersteig gehen.

Im Gebiet des bayerischen Voralpenlands ist das Wandern nicht schwierig, und auch im Winter erreicht man sein Ziel auf ungefährlichen Wegen.

UNSER TIP! Das Brauneck bei Lenggries, im Winter beliebtes Ziel auch der Skifahrer, ist mit einer Bergbahn, mit Liften und zahlreichen Abfahrtspisten sehr gut erschlossen.

15 Scharling-Hi

Höhenerlebnis zu jeder Jahreszeit

Vielbegangen, leicht, mit Anstiegen

Oben: Die Wintertour von Scharling auf den Hirschberg ist leicht und erlebnisreich.

Unten: Wenn viel Schnee gefallen ist, wird die Futtersuche schwer. Hoffentlich hat sich das Eichhörnchen schon seinen Wintervorrat angelegt.

AUSGANGSPUNKT Scharling (760 m) vor Kreuth, P in der nördlichen Siedlungshälfte an der Hirschbergstraße.

ANFAHRT Vom Tegernsee bzw. von Rottach-Egern Richtung Kreuth. Vor Kreuth rechts nach Scharling abzweigen und am Ortseingang rechts auf die Hirschbergstraße.

SCHWIERIGKEIT Rodelbahn glatt, ansonsten problemlos; Wintersteig steil, aber ungefährlich.

HÖHENDIFFERENZEN Tal–Hirschberghaus 790 m, Berghaus–Gipfel 120 m.

GEHZEITEN Scharling–Hirschberghaus 2,5–3 Std., Haus–Gipfel ca. 0,5 Std., Abstieg ca. 2 Std.

EINKEHR Hirschberghaus (1511 m), ganzjährig bewirtschaftet, 20.–26. Dezember und drei Wochen im April geschlossen, Tel. 0 80 29/465.

KARTE Mangfallgebirge (BLVA).

Als typischer Vertreter der eher idyllischen Tegernseer Bergwelt ist der Hirschberg ein breit hingelagerter Wald- und Wiesenbuckel, dessen Besteigung keinerlei Schwierigkeiten bereitet. Dies gilt ebenso für die Winterzeit, in der sich die

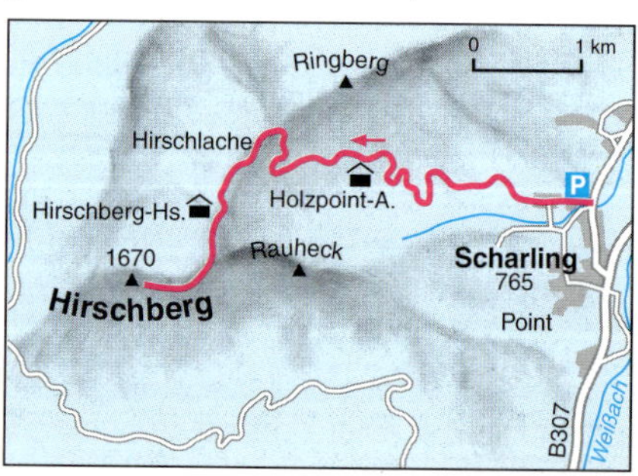

Der Berggasthof Hirschberghaus unterhalb des Gipfelkreuzes ist Anlaufstelle für Tourenfahrer und Winterbergwanderer.

Fußwanderer dieses Gebiet allerdings mit den Skitourenfahrern und den Rodlern teilen müssen. Ein Arrangement, das jedoch problemlos ist.
Unterhalb des Gipfelkreuzes lädt zudem das rund ums Jahr bewirtschaftete und höchst gemütliche Hirschberghaus zu einer Pause ein. Außerdem erwartet den Wanderer auf dem Hirschberggipfel eine phantastische Aussicht.

Wegverlauf Vom Scharlinger P der Wegtafel folgend nach W zum Wald und auf der Forststraße bzw. Rodelbahn in langen Kehren und maßvoll ansteigend bis zur Hirschlache (1340 m). Danach links halten und dem Wegweiser folgend Richtung SW und auf dem steilen Wintersteig zum Hirschberghaus (1511 m). Vom Berggasthof zuerst südwärts, dann im Rechtsbogen nach W und über den freien Hang zum Gipfel (1670 m).
Der Abstieg erfolgt auf der Anstiegsroute (die sommerlichen Wegalternativen sind in der Regel im Winter nicht begehbar).

UNSER TIP! Die von der Hirschlache talwärts führende Rodelbahn ist 5 km lang. Wer sich im Hirschberghaus einen Schlitten ausleiht, kann damit viel schneller als zu Fuß wieder zum Ausgangspunkt in Scharling zurückkehren.

16 Bad Wiessee-

Oben: In Bad Wiessee finden die Kur- und Feriengäste eine übersichtliche Beschilderung der Wanderwege vor.

Unten: Im Gebiet der Tegernseer Berge kann man angenehm wandern, denn die Wege sind in gutem Zustand. Das trifft auch für die Wintermonate zu.

Gemütlicher Almspaziergang, anspruchsvolle Gipfeltour

Geruhsam, mit steilen Abschnitten

AUSGANGSPUNKT Hotel Sonnenbichl (P) am südwestlichen Ortsrand von Bad Wiessee.

ANFAHRT Auf der B 318 über Gmund nach Bad Wiessee, hier zum südlichen Ortsrand, auf der Söllbachtalstraße rechts, anschließend abermals rechts Richtung Hotel Sonnenbichl.

SCHWIERIGKEIT Bis zur Aueralm leicht, Fockensteinanstieg nur bei günstigen Bedingungen.

HÖHENDIFFERENZEN Sonnenbichl–Aueralm 440 m, Aueralm–Fockenstein 300 m.

GEHZEITEN Aueralm mit Rückweg max. 3,5 Std., Fockenstein ab Aueralm, je nach Schneelage, bis zu 1,5 Std. für den Anstieg, max. 35 Min. für den Abstieg.

EINKEHR Aueralm (1270 m), ganzj. bewirtschaftet, Mo. Ruhetag, Anfang November – Weihnachten geschlossen, Tel. 0 80 22/8 36 00.

KARTE Mangfallgebirge (BLVA).

Die waldreiche Bergwelt im Nahbereich des Tegernseer Kurorts Bad Wiessee ist für ehrgeizige „Gipfelsammler" natürlich nicht der Rede wert. Das ändert aber nichts an den einnehmenden Vorzügen der altbewährten Wanderrouten bei Bad Wiessee, die im Söllbach- und Zeiselbach-

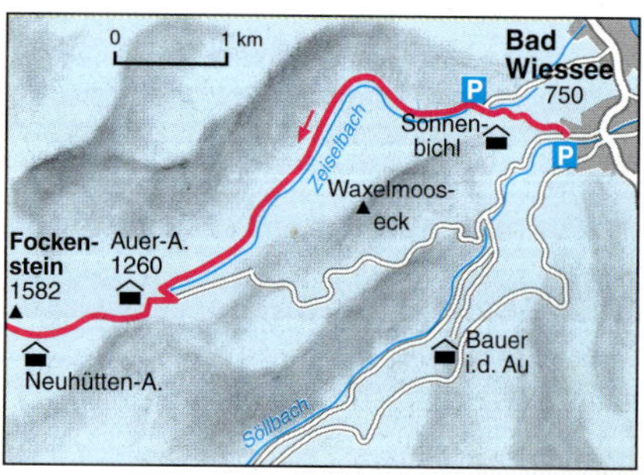

grund so traditionsreiche Einkehrstationen wie etwa den Bauern in der Au oder die Aueralm ansteuern. Die ganzjährig geöffnete Aueralm ist auch für den Winter ein heißer Tip, zumal sich an den Spaziergang zur Alm mit der Besteigung des Fockensteins noch eine anspruchsvolle Winterbergtour anschließen läßt. Bei kritischen Schnee- und Wegverhältnissen sollte man derartig hochgesteckte Ziele jedoch lieber zurückstellen.

Wegverlauf Vom Ausgangspunkt beim Hotel Sonnenbichl (830 m) – bis hierher auch zu Fuß ab Bad Wiessee, Ortsmitte und am Zeiselbach entlang: zusätzlich 120 Hm, mit Rückweg 3,8 km Wegstrecke. Auf dem gut beschilderten, waldschattigen und zunächst maßvoll ansteigenden Zeiselbachweg nach SW. Zuletzt zügig bergauf und zur Aueralm (1270 m). Von der Bergeinkehr auf bezeichnetem Weg weiterhin südwestwärts und auf den Fockenstein (1562 m). Der Rückweg entspricht dem Hinweg.

Nach einer Einkehr auf der Aueralm, die ganzjährig bewirtschaftet ist, kann man seinen Weg noch zum Fockenstein (links im Bild) fortsetzen – allerdings nur bei guten Wegverhältnissen.

UNSER TIP! Bad Wiessee hat sich erst in diesem Jahrhundert zu einem modernen und eleganten Jod- und Schwefelbad entwickelt. Ursprüngliches findet man in Alt-Wiessee, dort gibt es am Ufer des Tegernsees einige schöne alte Bauernhöfe.

17 Tegernsee-B

Auf dem Gipfel des Riedersteins in den Tegernseer Bergen (oben) steht eine Kapelle.

Für die Balance, den Gehrhythmus und zur Sicherheit sollte man im Winter auf eine Bergtour immer Skistöcke mitnehmen (unten).

In Ludwig Thomas Jagdrevier

Fast tagfüllend, nicht schwierig

AUSGANGSPUNKT a) Tegernsee/Bhf./Post bzw. P am Eingang des Alpbachtals; b) Rottach-Egern.

ANFAHRT A Salzburg Ausf. Holzkirchen – auf der B318 und B307 nach Tegernsee bzw. Rottach-Egern.

SCHWIERIGKEIT Tegernsee – Alpbachtal – Baumgartenschneid und Rottach-Egern – Galaun ohne Probleme; auf den Riederstein ebenfalls ungefährlich, Vorsicht lediglich auf der schmalen Gipfelfläche.

HÖHENDIFFERENZEN a) Baumgartenschneid 700 m, Baumgartenschneid – Riederstein (Abstieg) 240 m; b) Rottach – Galaun 430 m, Galaun – Riederstein 50 m, Riederstein – Baumgartenschneid (Anstieg) 240 m.

GEHZEITEN a) Aufstieg zur Baumgartenschneid 3–3,5 Std., Abstieg über Riederstein und Galaun 2–2,5 Std.; b) Aufstieg Galaun – Riederstein 1,5 Std., ggf. etwas mehr; Riederstein – Baumgartenschneid etwa 1 Std.; Abstieg auf gleichem Weg ca. 1,5 Std.

EINKEHR Galaun (1160 m). Das Berggasthaus Galaun ist seit 1999 wieder bewirtschaftet, Fr. Ruhetag, Tel. 08022/273022. Einkehrmöglichkeiten sind jedoch auch an den beiden Ausgangspunkten gegeben.

KARTE Mangfallgebirge (BLVA).

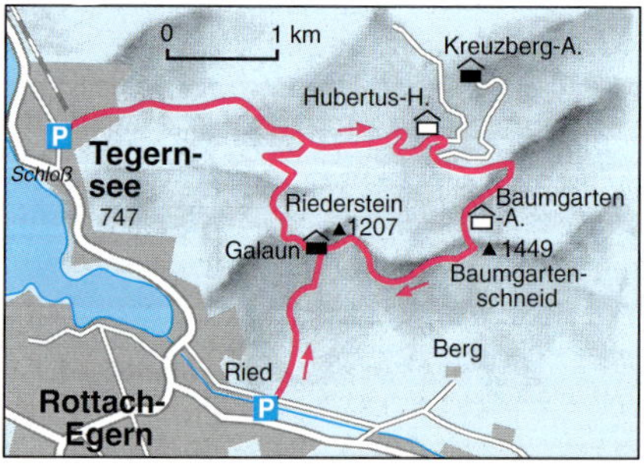

Der Tegernsee ist umgeben von einer Kette dichtbewaldeter Berge.

Die Wurzeln des Tegernseer Urlauber- und Neusiedlerbooms liegen bereits im frühen 19. Jahrhundert. Beträchtliche Schützenhilfe leistete dabei das bayerische Herrscherhaus, das nach der 1803 erfolgten Klosteraufhebung die renommierte Tegernseer Benediktinerabtei als Sommersitz übernahm und die liebliche Vorgebirgsidylle auch noch mit fürstlichem Glanz erfüllte. Mit der Prominenz kamen die „Sommerfrischler", denen die Touristikstrategen im Lauf der Zeit ein vielfältiges Freizeit- und Aktivprogramm zusammengestellt haben, in dem das Wandern an erster Stelle steht. Ausnehmend beliebt ist dabei die stimmungsvolle Runde, die in Tegernsee beginnt und durchs Alpbachtal zur Baumgartenschneid und zum kühn aufragenden Riederstein führt.

Diese Route ist auch im Winter sehr gefragt. Als besonderer Vorteil erweist sich dabei die südseitige Rottacher Anstiegsalternative, die in der Regel selbst bei üppiger Schneelage begehbar ist. Man

UNSER TIP! Das im Jahr 746 gegründete Tegernseer Benediktinerkloster wurde 1803 von den Wittelsbachern zur Sommerresidenz ausgebaut. Sehenswert sind die Benediktus- und die Quirinuskapelle. Gleich nebenan lädt das urige Herzogliche Bräustüberl, Schloßplatz 2, zur kräftigen Brotzeit und zu einem Bier ein.

Auf der Tegernseer Baumgartenschneid wandert man auf den Spuren von Ludwig Thoma (oben). Die wald- und wildreiche Gegend war das Lieblingsjagdrevier des bayerischen Dichters.

Verschneite Winterlandschaft am Tegernsee (unten).

wird immer eine Möglichkeit finden, im Lieblingsjagdrevier des bayerischen Schriftstellers Ludwig Thoma auf seine Kosten zu kommen.

Wegverlauf a) Ab Tegernsee: Bei der Post (gegenüber Bhf.) auf dem ostwärts gerichteten Alpbachtalsträßchen (Wegweiser: Gindelalm u.a.) bis zu einem P (Autofahrer können von hier starten). Anschließend Richtung Baumgartenschneid und auf der linken Bachseite im Waldschatten taleinwärts. Bei der Hubertushütte auf die rechte Bachseite wechseln, dann in Kehren bergan. Bei einer Wegteilung rechts halten und auf dem Prinzenweg zum Sagfleckl. Hier rechts auf einen Waldsteig abzweigen und zur Baumgartenalm hinauf (1366 m). Über den freien Almboden und mit einem Linksabstecher zum höchsten Punkt der Baumgartenschneid (1449 m). Zurück zum Rundweg und westwärts wieder in den Wald.

Absteigend zum Felssporn des Riedersteins (1207 m) mit dem Kirchlein auf der Spitze. Als

nächstes zum darunterliegenden Berggasthof Galaun (1160 m). Nach einer Rast geht es noch für ein kurzes Stück westwärts weiter, dann rechts ab und nach N wieder zum bereits bekannten Alpbachweg hinab. Auf diesem links zum Startplatz zurück (ab Galaun ist dies nur eine von mehreren möglichen Varianten).

b) Ab Rottach-Egern: Am nördlichen Ortsrand von Rottach auf der Riedersteinstraße zu einem P. In Richtung Riederstein und Galaun und zunächst zum Berggasthof. Anschließend unterhalb des Riedersteins kurz ostwärts und von der Ostseite zum Gipfel. Wie bei Route a), nur in umgekehrter Richtung zur Baumgartenschneid. Ab hier entweder auf gleichem Weg zum Ausgangspunkt zurück oder unter Einbeziehung der vorgenannten Tegernseer Alpbachtalrunde (ab Galaun nur eine von mehreren Varianten; so könnte man beispielsweise auch über Pfliegeleck und Pfliegelhof zum Ausgangspunkt zurückkehren).

Trotz der bescheidenen Gipfelhöhe überrascht die Wanderung auf die Baumgartenschneid mit weiten Ausblicken. Am Horizont ist die Karwendelgruppe zu erkennen.

18 Neureuth-Gi[r

Oben: Die liebevoll geschmückte Kapelle auf der Neureuth.

Unten: Schneereifen sind beim Wandern im Tiefschnee eine kräfteschonende Hilfe.

Zwischen Tegernsee und Schliersee

Halb- bis ganztägig

AUSGANGSPUNKTE a) Tegernsee Bhf. (750 m) bzw. Lieberhof (900 m); b) Schliersee P beim Hennerer (850 m), 1,5 km südwestlich vom Ortsteil Breitenbach; c) Tegernsee Bhf. (750 m) bzw. Schliersee/Breitenbach oder Kurzentrum (780 m).

ANFAHRT Siehe Tour 17.

SCHWIERIGKEIT Leichte Bergwanderungen.

HÖHENDIFFERENZEN a) Tegernsee Bhf. – Neureuth 520 m, ab Lieberhof 370 m; b) Schliersee/ Hennerer – Gindelalm 400 m; c) Schliersee/Kurzentrum – Gindelalm 460 m.

GEHZEITEN a) Tegernsee Bhf. – Neureuth: Anstieg max. 2 Std., Abstieg 1 Std., ggf. etwas mehr; ab Lieberhof insgesamt ca. 0,5 Std. weniger; b) Schliersee/Hennerer – Gindelalm: Anstieg ca. 1,5 Std., Abstieg max. 1 Std.; c) Schliersee – Gindelalm – Neureuth – Tegernsee 4–4,5 Std.

EINKEHR Neureuthhaus (1264 m), ganzj. bewirtschaftet, 29. November bis 25. Dezember geschlossen, Mo. Ruhetag, Tel. 0 80 22/44 08; Gindelalm, je nach Wetter- und Schneeverhältnissen, zumindest an Wochenenden geöffnet.

KARTE Mangfallgebirge (BLVA).

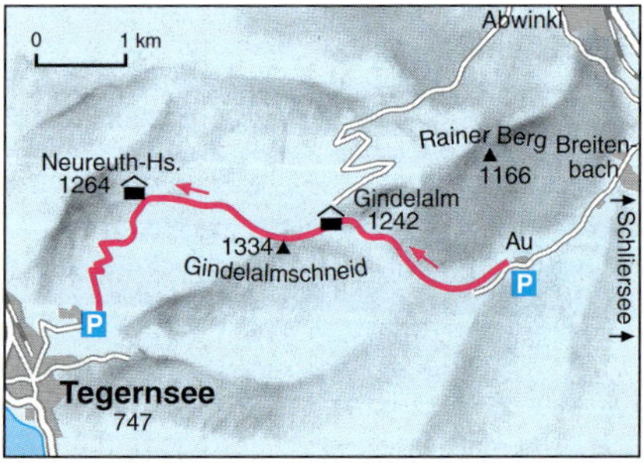

Zum Neureuthhaus überm Tegernsee führt eine schöne Wanderung hinauf.

Zwischen dem Tegernsee und dem Schliersee erstreckt sich der waldreiche Neureuth-Gindelalm-Kamm, der sich sowohl mit zwei beliebten Brotzeitstationen wie auch einem an Varianten reichen Wanderwegenetz geradezu als Idealfall eines gemütlichen Bergwanderreviers erweist. Dies trifft sogar bei Schnee zu, denn sowohl von der Tegernseer wie von der Schlierseer Seite führen wintertaugliche Wege hinauf. Besonders reizvoll ist der Übergang von einem See zum anderen.

Wegverlauf a) Neureuth: Von Tegernsee Bhf. zu Fuß oder mit dem Auto zum Lieberhof (ca. 900 m) und vom dahinter liegenden P der Beschilderung nach auf einem Waldweg zur Neureuth hinauf (1261 m). Nach der Rast auf gleichem Weg zurück. b) Schliersee – Gindelalm: Am nordwestlichen Ortseingang von Schliersee auf der Breitenbach- und Hennererstraße nach SW und zu einem P. Von dort einige Schritte nordwestlich zu einer Wegteilung. Hier nach NW Richtung

UNSER TIP! Tegernsee: Pfarrkirche St. Quirin mit Fresken von Hans-Georg Adam und das Olaf-Gulbransson-Museum mit Zeichnungen des Norwegers, Im Kurgarten; Öffnung: Di.–So. 14–18 Uhr, Nov. geschlossen. In Schliersee: Kirche St. Sixtus mit Gnadenstuhl (um 1480) von Erasmus Gasser und Schutzmantelbild (1494) von Jan Polack.

Der Gindelalm-Neureuth-Höhenzug (oben) erstreckt sich zwischen dem Schlier- und dem Tegernsee.

Die Frühlingsknotenblumen (unten) künden schon die wärmere Jahreszeit an.

Auf dem Gipfel der Gindelalmschneid (rechts).

Gindelalm. Am Waldeingang wieder links und dann auf einem Forstweg gleichmäßig bergan. Schließlich zur Gindelalm (1242 m). Für den Rückweg kann man die Alternative Kreuzbergalm–Prinzenweg–Hennerer nehmen.

c) Übergang Schliersee–Tegernsee: Zuerst mit dem Bus von Tegernsee Bhf. (P) nach Schliersee fahren. Hier von der Bushaltestelle am nordwestlichen Ortseingang (Prinzenweg) auf der Fahrstraße einige Meter zurück, dann auf der Breitenbachstraße südwestlich durch den gleichnamigen Ortsteil. Anschließend auf der Hennererstraße weiter zum Hennerer. Ab hier – siehe b) – zur Gindelalm. Auf bezeichnetem Weg zunächst nördlich an der Gindelalmschneid vorbei und dann nach W. Auf waldschattigem und fast ebenem Höhenweg zum Neureuthhaus. Dann auf dem unter a) beschriebenen Forst- und Rodelweg zum Lieberhof hinab. Auf der Straße und einer Fußwegabkürzung nach Tegernsee Bhf. zurück.

19 Brecherspitz

Ungleiche Nachbarn überm Skizirkus

Oben: Wer im Winter auf die Brecherspitze und die Bodenschneid wandert, wird feststellen, daß sich das Winterbergwandern inzwischen einer steigenden Beliebtheit erfreut.

Unten: Detail an einer Berghütte. Die Versorgung mancher Hütten während der schneereichen Wintermonate und damit ihre Bewirtschaftung ist mit erheblichen Schwierigkeiten verbunden.

Halbtagestouren, nicht schwierig

AUSGANGSPUNKT Spitzingsattel (1128 m).

ANFAHRT Über A Salzburg Ausf. Irschenberg – B 307 Miesbach – Schliersee Richtung Bayrischzell, Abzw. Spitzingsee.

SCHWIERIGKEIT Trautweinweg bis zur Oberen Firstalm völlig ungefährlich (Fahrweg); Anstieg zur Bodenschneid zuletzt steil, aber ungefährlich; Anstieg zum Vorgipfel der Brecherspitze steil, aber auch gefahrlos; Übergang vom Vor- zum Hauptgipfel der Brecherspitze nur bei günstigen Bedingungen möglich.

HÖHENDIFFERENZEN Brecherspitze 560 m, Bodenschneid 540 m.

GEHZEITEN Brecherspitze und Bodenschneid Anstieg ca. 2,5 Std., Abstieg 1,5 Std.

EINKEHR Obere Firstalm (1369 m), ganzj. geöffnet, Tel. 0 80 26/73 02. Evtl. Bodenschneidhaus.

SCHWIERIGKEIT Leichte Wanderung.

KARTE Mangfallgebirge (BLVA).

Das ungleiche Gipfelgespann über dem Schliersee, die rasante Pyramide der Brecherspitze und die runder geformte Bodenschneid haben eines gemeinsam: die fabelhaften Ausblicke von ihren Gipfeln. Auch kann man beide Berge im Winter

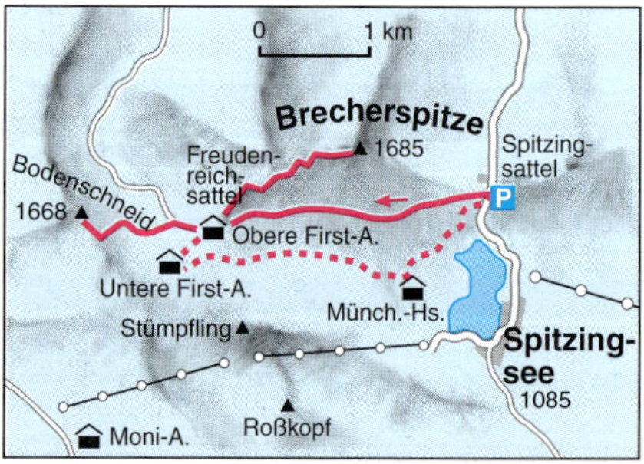

begehen, und zwar über eine gemeinsame Anstiegshälfte im ersten Teil. Dazu wandert man vom Spitzingsattel auf dem Trautweinweg bis zur Oberen Firstalm hinauf, wo sich dann die Gipfelwege verzweigen. Erst im Nahbereich des höchsten Punkts führt ein schmaler, im Winter möglicherweise unpassierbarer Gratsteig vom Vor- zum Hauptgipfel der Brecherspitze hinüber.

Wegverlauf Vom Spitzingsattel (P) auf dem bezeichneten Trautweinweg zur Oberen Firstalm (1369 m). Nördlich der Alm bei der Wegteilung entweder nordostwärts weiter und steil zum westlichen Vorgipfel und eventuell zum Hauptgipfel der Brecherspitze (1684 m) hinauf oder nach W Richtung Bodenschneid und in einem südwärts ausholenden Bogen, zuletzt ebenfalls steil, zum Gipfelkamm und Gipfelkreuz der Bodenschneid (1668 m). Der Rückweg entspricht der Anstiegsroute. Als eine Alternative bietet sich der Umweg über die Untere Firstalm an.

Auf den Skihängen der Firstalmen trifft sich an den letzten Faschingstagen ein kostümiertes lustiges Völkchen zur traditionellen Pistengaudi.

UNSER TIP! Rast auf der Oberen und Unteren Firstalm. Die beiden Brotzeitstationen stehen nicht nur während der Faschingstage im Mittelpunkt. Die von der Sonne verwöhnten Almen sind eigentlich das ganze Jahr über sehr gut besucht.

20 Oberaudorf-B

Der Gipfelanstieg vom Brünnsteinhaus zum höchsten Punkt des Brünnsteins ist selbst auf der Normalroute nur bei günstigen Bedingungen anzuraten (oben).

Der zerzauste Baumveteran auf einem verschneiten Berghang zeugt von der Überlebensfähigkeit der Natur (unten).

Aussichtskanzel mit Blick zum Kaiser

Zur Berghütte leicht, Gipfelanstieg riskant

AUSGANGSPUNKT Oberaudorf/Mühlau (650 m).

ANFAHRT Über A Salzburg – A Inntal Ausf. Oberaudorf. In Oberaudorf am südlichen Ortsausgang rechts Richtung Luegsteinsee und nach Mühlau.

SCHWIERIGKEIT Bis zum Brünnsteinhaus gefahrloser Forst- und Fahrweg; Gipfelanstieg (südwestlicher Normalweg) ggf. durchführbar, Klettersteig nur für Könner und bei günstigsten Bedingungen begehbar.

HÖHENDIFFERENZEN Brünnsteinhaus (1360 m) 710 m, Brünnsteingipfel (1619 m) weitere 260 m.

GEHZEITEN Brünnsteinhaus 2–2,5 Std. für den Anstieg, Abstieg ca. 1,5 Std. Zum Gipfel ab Berghütte max. 1 Std. für den Anstieg, Abstieg max. 45 Min.

EINKEHR Brünnsteinhaus, 2. November–26. Dezember nur Sa. und So. bewirtschaftet, Tel. 08033/1431. Mitte Januar – Mitte Februar geschlossen.

KARTE Mangfallgebirge (BLVA).

Am auffälligsten präsentiert sich der Brünnstein zur Tatzelwurmstraße hin, die vom Bayrischzeller Sudelfeld nach Oberaudorf führt. Der Brünnstein ist ein massiger Felsstock, dessen separate Lage schon eine umfassende Aussicht von seinem Gipfel verspricht. Außerdem wartet der Oberaudorfer

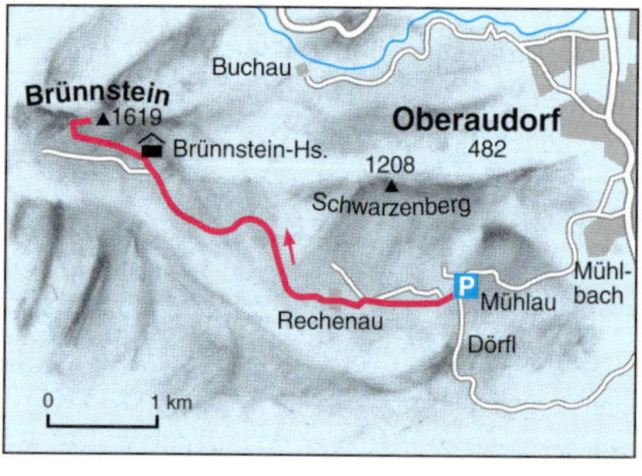

Hausberg zwischen Berghütte und Gipfel noch mit der Variante eines Klettersteigs auf.
So kann man neben dem berühmten Blick auf das Kaisergebirge seinen Ausflug hierher auch noch mit einer Kraxeleinlage bereichern, Erlebnisse, auf die man auch bei einer Wanderung in den Wintermonaten nicht zu verzichten braucht.
Die Rechenauer Anstiegsroute ist nämlich als Hüttenversorgungsweg stets zu begehen und ermöglicht wenigstens den Aufstieg zum Brünnsteinhaus. Wenn es die Winterbedingungen zulassen, kann man dann auf dem südwestlichen Normalweg vielleicht sogar noch den Gipfel erreichen.

Wegverlauf Von Mühlau (P) auf dem zuverlässig beschilderten Brünnsteinweg zunächst nach Rechenau. Links vorbei und vorwiegend im Wald weiter bergan. Zuletzt im Rechtsbogen zum Brünnsteinhaus (1360 m). Von hier, bei günstigen Bedingungen, vielleicht noch zum Gipfel. Ansonsten nach der Rast auf gleichem Weg zurück.

Wie ein Gemälde aus der Zeit der Romantik: der winterliche Brünnsteingipfel über dem Wolkenmeer.

UNSER TIP! Die Rodelbahn vom Brünnsteinhaus zur Rechenau ist im Winter sehr beliebt. Schlitten verleihen die freundlichen Wirtsleute des Brünnsteinhauses. Nach der Talfahrt kann man sie in der Rechenau wieder abgeben.

Register

Bildnachweis

G. Amberg: S. 11, 13, 20 o. und u., 22 u., 26 u., 30 u., 32 o., 44 u., 54 u.; H. Amberg: S. 8/9; Antes & Antes: Titelfoto, S. 6 o., 8 o., 44 o., 45, 48 o. und u., 49, 50 u., 52 o., 56 o. und u.; H. Bauregger: S. 10 o., 12 o. und u., 14 u., 24 o.; R. P. Bachhuber: S. 4 u., 38 u., 57; A. Dick: S. 1 r., 4 Mitte, 8 u., 14 o. und Mitte, 17, 36 o. und u., 39; P. Dinter: S. 40 u.; D. Fuchs: S. 15, 19, 28 u., 34 u.; S. Garnweidner: S. 40 o., 43, 47, 51, 55, 58 u.; E. Gronau: S. 5 u., 7, 26 r., 27, 35; H. Heller: Innere Klappe o., 40 Mitte, 59; St. Herbke: S. 50 o., 54 o., 58 o.; G. Hirtlreiter: S. 53; G. Jung: S. 4 o., 18 u., 22 o., 23; N. Kloyer: Innere Klappe Mitte, 26 o., 28 o., 29, 30 o., 31, 32 u., 34 o. und Mitte, 42 o., 46 o. und u.; St. König: Innere Klappe u., 16 u., 24 u., 37, 41; E. Oßwald: S. 6 u., 10 u., 33, 38 o., 52 u.; K. Puntschuh: S. 1 l., 5 o., 16 o., 18 o., 25, 60/61; F. Zengerle: S. 2/3, 21, 42 u.

Titelfoto: Beim Anstieg zum Hirschberghaus.
S. 2/3: Wintervergnügen am Spitzingsee.
S. 60/61: Winteridylle.

Autor und Verlag bemühen sich um zuverlässige Information. Fehler und Unstimmigkeiten sind jedoch nicht auszuschließen. Eine Garantie für die Richtigkeit der Angaben kann deshalb nicht gegeben werden. Eine Haftung für Schäden und Unfälle wird aus keinem Rechtsgrund übernommen.

Für Korrekturhinweise sind wir dankbar. Zuschriften bitte an Südwest Verlag, Paul-Heyse-Str. 28, 80336 München.

3. durchgesehene Auflage 2001

Konzeption Heinrich Bauregger
Textredaktion Barbara Zander
Produktion Manfred Metzger
Graphische Gestaltung Manuela Hutschenreiter
Kartographie Achim Norweg, München
Satz und Layoutrealisation AVAK Publikationsdesign, München
Druck und Bindearbeiten Bertello, Borgo San Dalmazzo
Printed in Italy
Gedruckt auf chlor- und säurearmem Papier
ISBN 3-517-07760-7

Tourenübersicht

Leicht

Talwanderungen, ungefährliche kürzere Bergwanderungen ohne steilere Anstiege

2 Oberammergau – Linderhof
3 August-Schuster-Haus
4 Ehrwalder Alm
5 Eckbauer
6 Hoher Kranzberg
7 Murnauer Moos
8 Andechs
9 Ilkahöhe
10 Maisinger Schlucht
11 Ostersee
13 Blomberg – Zwiesel
16 Aueralm
17 Baumgartenschneid
18 Neureuth – Gindelalm
20 Brünnsteinhaus

Mittel

Anspruchsvollere Bergwanderungen mit steileren Passagen, kurze, ausgesetzte Wegstellen möglich

12 Jochberg – Herzogstand
14 Seekar
15 Hirschberg
19 Bodenschneid

Anspruchsvoll

Gipfelanstiege, teilweise im Felsbereich, ausgesetzte Wegstellen, Kletterpassagen, nur für Geübte

1 Brunnenkopf (nur Gipfelanstieg)
3 Teufelstättkopf (ab August-Schuster-Haus)
16 Fockenstein (Anstieg nur bei günstigen Bedingungen)
20 Brünnstein (Klettersteig)